En Mi Pensamiento

Jorge Luis Otero Hernandez

iUniverse, Inc.
New York   Bloomington

En Mi Pensamiento

iUniverse books may be ordered through booksellers or by contacting:

iUniverse
1663 Liberty Drive
Bloomington, IN 47403
www.iuniverse.com
1-800-Authors (1-800-288-4677)

Because of the dynamic nature of the Internet, any Web addresses or links contained in this book may have changed since publication and may no longer be valid. The views expressed in this work are solely those of the author and do not necessarily reflect the views of the publisher, and the publisher hereby disclaims any responsibility for them.

ISBN: 978-1-4502-2702-5 (sc)
ISBN: 978-1-4502-2703-2 (hc)
ISBN: 978-1-4502-2704-9 (ebook)

Printed in the United States of America

iUniverse rev. date: 05/14/2010

Editor: Blanca Otero
Compiler: George Otero
Contributors: Venus Otero, Jackie Otero, Johana Otero

Prólogo

Estimado lector:

En mi pensamiento, es mi humilde deceo que la lea y la conserve por mucho tiempo, pues mi primer libro, como verá esta lleno de errores gramaticales y literarios pero tengo la esperanza que ustedes estimados lectores, tengan presente que lo escribo de buena intención y su contenido es basado en hechos reales, y sobre todo, fácil de entender, con la fracsologia adecuada para cualquier nivel escolar.

Lealo y con su atención, me va ayudar a mejorar mi escritura, hago ese compromiso con ustedes estimados lectores. Mis mayores deceos son que el ser supremo les de mucha vida a usted y a su familia para que puedan interpretar muchas mas obras en el futuro.

Mis más profundos agradecimientos,

Jorge Luis Otero

Tabla de Contenido

Para mi familia y para
las cosas que no entendemos de la vida.

Podrán encadenar mi cuerpo
pero no mis ideales

AL FIN

Al final de la jornada
tus ojos pudistes habrír,
aceptando que un capricho
te podia llevar al fin.

Marcada se que quedastes
pues las huellas aún se notan,
con tu caracter agresivo
y desconfianza en tu sombra.

Las marcas el tiempo las borra
sin urgar en esa llaga,
poniendo olvido al pasado
y despejar en la playa.

Existen otros caminos
para tolerar el pasado,
abrirle paso al futuro
y expresar lo que has soñado.

Tus retoños crecerán
y la vida les irá enseñando,
a distinguir entre espinas
un camino deceado.

Si esos retoños reciben
el rocío al amanecer,
Por la tarde tu los riegas
y hermosos los veras crecer...

PLEVICITO

Se desploma una potencia
en el siglo veinte y uno,
se maldice a los terroristas
y se lloran a los difuntos.

Después de tanto llorar
este pueblo a comprendido,
que el cambio es necesario
para elegir el mejor destino.

Sin racismo hay que elegir,
al presidente futuro,
que demuestra valentia, honestidad
y humilde orgullo.

Barack, es su primer nombre
Obama su apellido,
se está presentando ante todos
para abrirnos los caminos.

Basta de prepotencia,
este pueblo cambiará
gustele a quién le guste
el pueblo lo eligirá…

En noviembre votaremos
por el candidato actúar,
un candidato humilde
que la lúz nos va hacer llegar.

BIOGRAFIA

Blanca Rosa es mi esposa
madre de mis cuatro hijos,
a los cuales hemos cuidado
con miles de sacrificios.

Johana fue la primera
impetuosa y dominante,
nació 24 de Diciembre
como un regalo constante.

Cuatro años después
aparecio el barón,
un niño casi criado
que se dedicó al baseball.

Mi esposa me sorprendió
a los cuatro años después,
cuando tubo a la del medio
"Venus" yo le pondré.

Ya no me sorprende nada
espere pacientemente,
la llegada de Jacqueline
para cerrar la fuente.

Mis hijos están creciendo
apresuradamente.
Realizandose como personas,
estudiando para el futuro,
sembrando una mejor suerte.

Les inculcamos estudio
para su futuro cercano.
Que no tengan que trabajar al sol,
para que no sean maltratados.

Aprender no ocupa espacio
piensen bién lo que les digo,
estudien ahora pronto
ya habrá tiempo para amigos.

¡ Blanca Rosa esposa mia !
No pienses que ya terminastes,
vendrán muchos más nietos
a tu vida para alegrarte.

Nunca estaremos solos
como padres hemos cumplido,
nos falta agrandar la cama
para que ellos hagan su nido.

Esperemos que Dios nos de vida
para poder continuar, aconsejar a los hijos
y a los que estan por llegar.

Llegamos solos a estas tierras
con deceos de prosperar,
trabajamos como todos
con deceos de triunfar.

TE DIGO ADIOS

Que fácil has olvidado
los favores de amistades,
que te han dicho presente
en medio de tus tempestades.

Cuando te miro a la cara
siento que algo me ocultas,
pues no te siento leal
cuando te hago una pregunta.

Nunca quise creer
lo que la gente decía,
que tú usabas dos caras
y la más fuerte es la hipocrecia...

Acepto que me equivoqué
y tendré que equivocarme más,
pues siempre que brindo mi mano
lo hago con sinceridad.

Me considero dichoso
cuando estas cosas me pasan,
pues admito mi derrota
y mi experiencia se agiganta.

Solo mi tiempo perdí
pues tu amistad no sirvió,
quise creer en tí
Y de nada me valió.
Por eso hoy,
te deceo suerte y te digo adios.

LOS PINOS

Así como los pinos crecen
crece mi indiferencia, crece mi odio
y me sorprendo, porque ha crecido
más de la cuenta.

Si los pinos no crecieran
mi odio disminuiría,
no estuviera sorprendido
pues el odio no existía.

Se que es malo odiar
pero que remedio queda,
si no puedo borrar
lo que en mi mente impera.

Soy rencoroso y lo acepto
y jamás cambiaría,
pues crecí entre canallas
que sólo odiar sabían...

Este rencor me tortura,
duele y me está matando,
pero mientras que los rojos existan
los pinos estaré apodando...

POR ELLA VIVES

Sólo para ella vives
para el sexo la quieres,
no importa que ella te engañe
si sabe donde te duele.

Tú dices que ella te goza
tú dices que ella te engaña,
la maltratas con tus golpes
pero sigues con tus hazañas...

Eres inteligente,
con tu llanto lo compones
cuando te cansas de usarla,
lloras para que te perdonen...

Te prometo se acabó
ya no creo en tu llanto,
hechale grasa a tus tarros
que se estan oxidando...

Tu dices que ella es fácil
que como mujer actúa,
después de cuatro pastillas
hasta su cuadro disfruta...

Recuerdas bién lo que has dicho
y pon bastante cuidado,
que algun día entenderás
hasta que punto has fallado...

DISTANCIA A MI TIERRA

Después de tantos años
de abandonar mi tierra
aparece de repente una joven,
mi sobrina Kenia.

Kenia, con veinte años de edad
decidió seguir mis pasos
en busca de libertad.

Su sacrificio es muy grande
y digno de admirar,
pues abandonó la isla esclava
sin esperanzas de regresar.

La nostalgia te va a invadir
y por los momentos sufrirás,
estrañarás mucho a tu tierra
y con mucho dolor, por tu mamá llorará.

Fuerte tendrás que ser
y soportar el dolor,
demostrar que eres valiente
pues te esperará un mundo mejor.

Los años te irán pasando
y dirás como dije yo un día,
no podré ir más a mi tierra
pero jamás doblegaré mi hombria.

FEBRERO

Semana que recordamos
y esperamos el año entero,
día de amor y amistad
ese día de Febrero.

Con gozo damos un presente
hay veces sin poderlo dar,
sacrificamos algunas cosas
para no sentirnos mal.

El amor es voluntario
y nace del corazón,
pero un presente sencillo
hace que palpite el corazón.

El alma se regocija
cuando es tratada con amor,
no importa quién se lo brinde
no importa en que condición.

Amar es sentirse bién
compartir lo que se siente,
brindar afecto y cariño
no importa a cuanta gente.

Ama y serás feliz
brinda sin nada a cambio,
da lo major de tí
que el señor te esta mirando.

ELIAN Y SU REGRESO

Recuerdo cuando llegó
aquel niño a la libertad,
una larga travesia,
que costo la vida de su mamá.

Elian llamaban al niño
que este pais aceptó,
la familia lo protegía
mientra la prensa llegó.

Se propagó la llegada
de ese niño entre tantas gentes,
que solo pensaba en su madre
por ser el niño inocente.

Lucrando con su llegada
aquel gobierno traidor,
usó hasta su familia
para lucrar en su honor.

El padre se presto para el crimen,
pues hasta Washington llegó,
sacando el dedo del medio
a todo el que le gritó.

Los años están pasando,
aquel niño crecerá
verá con sus propios ojos,
el pecado y la falsedad...

Dentro de muy poco tiempo,
veremos a Elian regresar
a las costas de Miami,
donde su padre lo debió dejar...

Mientras esta noticia deje,
capital para la prensa
el sufrimiento del niño,
es una parte obsoleta...

Cuanto dinero costó
retener en cautiverio,
a ese inocente niño
huérfano en este cuento.

Podrán observar señores
ese regreso de Elian,
que se aproxima, a estas costas
y esta vez viene a jusgar...

QUINCE AÑOS

Quince años cumple Venus
y no quería festejar,
prefiere irse de crucero
y su sueño realizar.

Sin embargo,
su vecina Nadine la llevó, a concursar
por *Salsa Noventa y Ocho*,
la mejor y más popular.

La suerte la acompañó
fue la primera en el grupo,
la sortearón par de veces
y fue ganadora sin trucos.

El jurado la escogió
la quinceanera del año,
por su talento y belleza
fue que pudo imprecionarlos.

Fiesta y crucero tendrá,
nunca olvidará esa fecha,
bailará su fiesta de quince
para plasmar su belleza.

HISTORIA CORTA

Una tarde decidí ir al cine, la tarde estaba mas oscura que de costumbre, fui a buscar a unos amigos. Nos reunimos y partimos hacia el cine. Por el camino, al cruzar un puentecito vimos a una pareja que se acercaba discutiendo fuerte. Hasta que al fin el joven la golpeaba como si fuera un enemigo, mis amigos se apresurarón pero yo no me pude contener. Me acerque y le dije no la golpees más, este joven me fue encima y no me quedo más remedio que pelear con el. Se acerco varias personas, tambien llego un carro de policia la muchacha me acusó de haberla atacado. El policia me arresto, por suerte una señora se presento en la estación y dijo que yo simplemente evitaba que el joven la golpeara más.

En fin me dejarón ir a los tres días, pasarón seis meses o quizás más. Un dia fui a la playa y me encontre con otros amigos, y por cosas de la vida o el destino, se formo un problema parecido al anterior y pueden creer que tampoco me pude contener me acerque a la pareja y muy diplomaticamente dije.

¡ Por mi la puedes matar !

BATICANO

La iglesia a predicado
y ha espuesto al mundo entero,
el criterio de muchos padres
que han degenerado al credo.

Ejemplos degenerados
del sascerdocio actual,
compuestos de actos sexuales
y de conducta immoral.

El ejemplo más reciente
del que se encuentra envuelto,
en la orilla de la playa
el romance del Padre Alberto.

Algunos los han sancionado
lo acusaron de depravado,
lo rechazan como padre
y eso a él no lo ha inmutado.

La noticia rodó el mundo entero,
no se podía creer
pero ya estaba planeado,
como lucrar con el.

La competencia entre Iglesias
por tener más feligreses
que aporten a sus negocios
ofrendas con intereses.

No dudes que el dinero es todo
entre todos estos creyentes,
que usan la palabra de Dios
para no mostrarse insolente.

El "Papa" inteligentemente,
a dicho en el Baticano,
hay que abrirse al sexo opuesto

ó perderemos ofrendas y hermanos.

Dice el "Papa":
Gosen queridos hijos
pero no dejen de asistir,
a la iglesia los domingos
por que entonces sería el fin.

Esas diversas Iglesias
que ha creado el hombre actual,
usando distintas Biblias
del contenido casual.

Te dicen lo que tú quieres oír,
tú mente navega en el limbo
obtienen tú información,
y te despojan con su sinismo.

Te imponen el temor a "Dios"
y no acabas de comprender,
que despúes que ellos enriquecen
se despojan de tú ser.

MADRE

En Mayo todas las madres
esperan con alegría,
saludos bien afectúosos,
flores y mucha alegría...

Las madres son vendecidas
por sus hijos y familiares,
por amistades y vecinos
y muchas personas en la calle...

Madre hay solo una
a si lo dice el refrán,
cuidala como un preciado tesoro
no la vayas a maltratar...

Si tú mamá aún vive
y goza de buena salud,
manten viva su fé
su esperanza a plenitud...

Que se sienta protegida
que vea en sus hijos el amor,
que sienta que la respetas
y que la amas de corazón...

LAGRIMA

Hoy 11 de Septiembre
el dolor no se ha quitado,
de la mente del que sufre
por sus seres sepultados.

Infinito es el dolor
que crece todos los años
que entre lágrimas y sollozos,
sentimos su aniversario...

El pais estará de luto
por toda la eternidad,
las heridas estarán habiertas
mientras exista la humanidad...

El terrorismo sin piedad,
terminó con la alegría,
de una ciudad nocturna
que llora por su estructura...

JÁMA

Panfilo se atrevió
a gritar en centro habana,
que el hambre esta matando,
a las familias Cubanas.

Hambre tiene mi pueblo,
gritaba desesperado
ante las camaras ocultas
que lo estaban delatando...

No se detuvo este hombre
siguió su plan adelante,
haciendole ver a la prensa
que en Cuba, el hambre es constante.

Los turistas van y vienen,
por ellos, el hambre no pasa
pues traen billetes verdes,
para fortalecer la plaza...

Cuantos Panfilo vendrán
a gritar la misma frace,
en esa Cuba presiosa
que desmaya por el hambre.

A Masorra fue a parar
ese personaje honesto,
que gritaba hambre y jáma
es lo que nesecita el pueblo...

DESCANSA EN PAZ

Llegaste a su vida un día
demostrandole cariño,
poniendo paz y armonia
a Johana y a sus niños...

Los días fueron pasando,
aumentando el infinito amor
obsesivo he involuntario,
totalmente fuera de control...

Debido a su enfermedad,
por no decir otra cosa.
la amaba de corazón
y la llamaba, mi querida esposa.

Un año de relación,
preciosos viajes hicieron,
se divertió como nunca
viviendo su mundo nuevo...

Sin despedirse del mundo
se fue al lejano oriente,
a descansar su alma enferma
a reposar de su vida ausente...

PEQUEÑA BIOGRAFIA DEL ESCRITOR

Jorge Luis Otero Hernández (Un ex-preso politico *anti comunista*), nació en Noviembre 25 de 1954 en Guanabacoa ciudad de La Habana, Cuba. Fueron sus padres ya fallecidos, Francisco A. Otero Gallo, natural de Pinar Del Rio, Cuba, y Juana D. Hernández Concepción, natural de Unión De Reyes, provincia de Matanzas, Cuba.

Casado con Blanca Rosa Cardoso Rodriguez. Natural de La Habana, Cuba. Con ella tiene cuatro hijos que son; Johana Rosa, George Luis, Venus Lisbeth, Jacqueline Janet, túbo un hijo antes de su primer matrimonio que es Mario Jesus Otero Mendez, natural de la Habana, Cuba.

Tiene cuatro nietos que adora: Robert y Kayleen (*de su hija Johana*), Melanie (*de su hijo Mario*), y Christian (*de su hija Jackie*), llegó a los Estados Unidos de America, inductado y desterrado por los comunistas.

Hoy reside con sus hijos y esposa en la Florida, esperando una guerra y volver para pelear en busca de la libertad que nesecita la patria que nos vió nacer...

Jorge L. vió la luz en la fraternidad, en 1989 precidía el v. m. Medardo Rey 33.

PUEDE DOLER EL AMOR

Cuando sientas que tús ojos
estan llenos de lágrimas y dolor,
ya estarás comprendiendo,
cuanto daño, puede hacer el amor.

El amor puede ser bello
si lo sabes interpretar,
brindando sinceridad y cariño
y sobre todo saber perdonar.

El amor es para todos
si lo sabes demostrar,
escuchando a tú corazón
cuando empieza a palpitar.

Nunca confundas el amor
con el deseo ó placer,
pues se pueden hacer daño
a la hora de escojer.

Cuando sientas que tus ojos
estan con dolor y llanto,
habrás comprendido,
que ese amor te hizo daño.

AMISTAD Ó ENVIDÍA

Si la suerte te escogió
y la sabes aprovechar,
no juegues con tú destino
por que puede ser fatal...

Desarolla tú inteligencia
pon aparte tú orgullo,
piensa en tú familia
que necesita un mejor futuro.

Las amistades influyen
cuando de aparencia se trata,
te aconsejan más ó menos
pero la realidad las mata.

Cuando actúes con sensatez
y pongas al frente los tuyos,
las amistades se apartan
para no envidíar tú futuro.

Por donde quiera que viajes
amistades nuevas tendrás,
personas con otros principios
y costumbres más singular.

Si te interesa los tuyos
y deseas vivir en paz,
apartate de esa etapa
y enfrenta la realidad.

PEDIMOS POR HAITÍ

Ahora le pregunto a Dios,
porque ha desamparado
a esa isla tan pequeña,
y a esos pobres Haitianos...

¿ Donde se encuentra el señor ?
Que no ha podido escuchar
a esos niños gritando,
la ausencia de su mamá.

Entre escombros están atados,
esos seres que aún viven,
destrozados con heridas,
que quizás no cicatrizen...

¡ Estamos orando señor !
Esperamos que aún escuches,
las plegarias de ese pueblo
que le han movido sus raices.

Cuando usted oiga señor
y pueda ver hacia bajo,
encontrarás a un pueblo llorando,
muy triste y desesperado...

El mundo se nos acercó,
nos están dando la mano,
hacen hasta lo imposible
por esos hermanos Haitianos...

La naturaleza es cruel
con nuestro planeta tierra,
destruye todo lo que quiere
sin nadie que la detenga.

Haití hoy estas sufriendo
por un terremoto asesino,
que ha destrozado a ese pueblo
dejando huellas y gritos.

Señor ya que escuchastes
a ese pueblo desbastado,
apiadase de su dolor
no lo dejes abandonado...

HIRONIAS DE LA VIDA

Siempre yo habia soñado visitar a Gran Cayman, pues siendo un adolecente, unos amigos y yo nos lanzamos a las costas de isla de pinos al sur de Cuba. Navegamos muchas horas, hasta muy cerca de sus costas por hecho ya se veían a lo lejos luces de Gran Cayman. De repente una embarcación nos detuvo (*guarda costa Cubana*) nos devolvió a Isla De Pinos de donde huiamos y por su puesto nos apresaron.

Pasaron varios años de prisión, hasta que por fin el Presidente de Estados Unidos de América, Jimmy Carter en 1979 aceptó a los presos politicos (*fuimos indultados*). Llegamos a Estados Unidos de América mi esposa y yo. Pasó el tiempo, tuvimos familia en fin, para los quinces de una de mis hijas (*Venus*) decidímos ir de crucero, y por coinsidencia entre los lugares que visitamos llegamos a Gran Cayman. Que impressión fue un impacto muy grande, recordar mis mejores años de juventúd tras las rejas por tratar de buscar libertad…

Pagué bien caro. Hoy el destino, luego de verme arrastrado hacia las carceles de un gobierno injusto me regala la oportúnidad junto a mi esposa he hijos de sentirnos libres para pensar y visitar cualquier lugar del mundo…

Siempre que sea libre …

¡ Que hironía !

LUCHANDO TRANQUILIDAD

Voy a luchar por vivir
en un lugar apartado,
dedicarme a sembrar
como siempre lo he soñado.

Estrañaremos el bullicio,
el robo y la hipocresia,
el traficó y los ignorantes,
que andan sin alegría.

Quiero vivir sin *stress*,
levantarme a trabajar
apartado del bullicio,
para poder descansar.

Si yo lograra mi sueño
tal y como lo he soñado,
con animales en la finca
y un hermoso sembrado.

Mi familia entenderá
que mi sueño no es por gusto.
Que estoy tratando de dejar
a corto plazo, un mejor futuro.

Gracias por confiar en mí
seguro estoy que tendrán,
el futúro que he soñado
y mi enorme leartad.

LEJOS DE LA VERDAD

Cuando no decides por ti
ocultando tú verdad,
usas a la familia
para separarte más.

No te combiene que sepan
los que se acercan a tí,
que por tus poros despides
tú engaño de ser felíz...

Dios te ha dado el poder
para que analíces tú vida,
para que escojas entre rosas
y no te espines la vida...

¡ Has desafiado a Dios !
Has dudado de sus pruebas,
te ha puesto un elevador
y tú prefieres la escalera...

Si un hombre pide perdón
es porque reconoció su fallo
se perdona y los ayuda,
familia y los allegados...

No te dejas ayudar
porque tú no estás seguro,
dudas hasta de tú madre
dudas y desmientes, tú futuro oscuro...

¿   ?

¿Hay vida en el más alla?
Quien me puede responder,
se predijo muchas cosas
que sucedierón ayer.

La muerte del presidente
los ataques a New York,
el pueblo de Israel en guerra
y Cuba con un traidor.

¿ Quién dirije el dolor del mundo ?
La biblia dice que Dios…
Nos engañan los pastores,
¿ Ó le pregunto yo a Dios ?

Creo en lo existente
leo para intrucción,
le pregunto a los mayores,
y despúes hago mi conclusión.

Grandes son tus sentimientos
Adorarás siempre al señor,
Dudar no debe ser bueno
Unidos en esta misión.

TE VERÉ

Tube que dejar de ver
a la madre más querida,
por culpa del comunismo
y de la falsa tiranía.

Madre tú fallecistes
sin despedirte de mí,
y con el tiempo comprendí
que pronto me versa llegar,
a tú sitio de silencio
donde yo debería estar.

Por no doblegar mis ideas
a la carcel fui a parar,
a sepultar lo que siento
y ver a mi madre llorar.

Nunca yo olvidaré
el rostro de mi madre en pena,
viendo a su hijo sufrir
por una injusta condena.

Disculpa pido al destino
por seguir siendo tan fiel,
a los consejos de mi madre
con los que me vió crecer.

"No descanses hijo mio
nunca seas doblegado,
pues los hijos de mi vientre
jamás seran humillados..."

DISTANTE

Distante de la verdad
conforme con tú destino,
aceptas la hipocrecia
por no elegir otro camino.

El tiempo está pasando
no lo dejes ir de prisa.
Átalo cerca de ti, y mantendrás
tú joven sonrisa...

La juventud desaparece
cuando menos lo has pensado,
actúa con rapidez,
no dejes la vida a un lado...

Olvida la vanidad,
pon los pies sobre la tierra,
no empañes tú alma limpia
no borres a la inocencia...

No engañes al corazón
no mientas por conveniencia,
admite una verdad
acepta tú inesperiencia.

No sacrifiques tú vida
a un imposible creado,
deja que el agua corra
y filtra lo ya pasado...

EL MESÍA

Cuando llega semana santa
se celebra el catecismo,
se festeja y se descansa
recordando a Jesus Cristo.

Muchos sienten y veneran
la pasión y el sacrificio,
las heridas de su cuerpo
por salvarnos del vicio...

Su sacrificio fue tal
que su vida brindó,
para bién de la humanidad
y hasta Maria Martha Elena salvó.

La historia recuerda al señor
como único mesía,
lo opuesto de los judios
que lo esperan todavía.

La lucha por el poder Cristiano
dentro de ésta humanidad,
demuestra de alguna forma
que cada pastor usa su realidad...

Hay diversas religiones
y ninguna sienten lo mismo,
se rifan dinero y poder,
usando el nombre de Jesus Cristo...

357

Tres familias forman un coro
y se ponen a cantar,
festejando el cumpleaños
de alguien muy especial...

Estos amigos y parientes
festejan con alegría,
el amor y la amistad
que cinco de ellos componían.

Una semana completa
compuesta de siete días,
justa y perfecta quedó
y sobre todo bién merecida...

Cuando estas familias se unen
para celebrar una fiesta,
se divierten y se respetan
y no se necesita orquesta...

Tres familias la forman
Cinco de ellos la componen,
Siete la hacen justa y perfecta
para unir los corazones...

EL REGRESO

Todos los paises Hispanos
que existen en el planeta tierra,
sus nativos han inmigrado
en busca de fortaleza.

En sus tierras no han encontrado
el confor para vivir,
pues sus gobernantes han robado
hasta el derecho de vivir.

Todos venemos para América
llegamos y nos quedamos,
construimos nuestro imperio
y todo el tiempo trabajamos.

Algunos vuelven a su patria
con idea de seguir luchando,
con un poco de dinero
y experiencia de trabajo.

A todos no le va bién
pues tienen que regresar,
empezar como al principio
y con cero de capital.

TERREMOTO 2010

Haiti se encuentra triste
y puesto al mundo a llorar,
después del terremoto
que puso a la isla a temblar.

Muchos murieron en el cismo
otros desaparecieron,
sepultados han quedado
el día 12 de Enero...

Comienzo de año que estremece
a esa isla del caribe,
donde hay mucha pobreza
y nadie que los cobije.

Después de esa desgracia
el mundo se esta acercando,
a ese pueblo pequeño
que lo esta necesitando...

La prioridad es Haiti,
dijo el Presidente Obama...
le estamos enviando ayuda,
comida, medicina, y una amistad soberana...

Luto también tendremos.
Aunque no seamos Haitianos,
pues respetamos el dolor,
de todos estos hermanos.

Enero 13 2010

NOSTALGIA

No solo por ser, día de tú santo
te voy a felicitar,
lo hago porque para mí
también es un día especial.

Todos los días del año
los recuerdos con cariño,
tú falta en mi vida,
me hace sentir más niño.

Madura la edad,
los golpes te enseñan,
pero jamás tú ausencia.

El dolor eterno, en mi pecho
lo siento algo sombrío,
como si tuviera un profundo hueco
de donde muy lejanos se oyen gemidos...

Despierto con pesadillas
y cayo mis sufrimientos,
a mis hijos no los preocupo
prefiero que mis lágrimas
las seque el viento...

Que E. P. D. mi madre...

CENTRO Y EL CARIBE

Que bonito es centro América
preciosas montañas y valles,
rios y bosques puros
todos rodeados de mares...

Todo el caribe es precioso
sus habitantes y el folclor,
divierten a los turistas
y los pasean a sus alrededor.

Roatán isla preciosa
perteneció a Inglaterra,
posee montañas encantadoras
y sus playas bellas.

Honduras la heredó
hizo de ella una estrella,
cuando llegan los cruceros
los turistas la veneran.

Mexico, El Salvador, Nicaragua y Guatemala
son preciosos lugares,
para vacacionar en sus playas...

Costa Rica y sus cascadas
y su comida especial
tambien enamoran al turista
en forma particular...

De Santo Domingo
que puedo decir,
pues todos conocen su historia
la tierra de peloteros,
grabadas en sus memorias...

Puerto Rico, y su San Juan ,
sus calles empedradas
un morro particular
en esa isla adorada...

Haiti en estos momentos
se menciona con tristeza
recordarla da dolor
y hasta dolor de cabeza...

El caiman está de luto
hace cincuenta años,
no la menciono por tristeza
porque hace mucho que esta llorando...

FREED HARDEMAN UNIVERSITY

En Tennessee hay una escuela
que dice predicar,
con un sistema Cristiano
que entorpece al escolar...

Freed-Hardeman University
se llama la escuela,
en un lugar apartado
donde el escolar es cautivo,
pagando por estar encerrado...

Los padres de estos alumnos
por año han estado engañado,
por un grupo de maestros
un tanto degenerado...

Acosan a los alumnos
los persiguen cuando salen,
los amenazan con sus padres
si no vuelven a sus andares...

No importa que sean mayores
aún asi están controlados,
pues tienen el poder
y nunca los han acusado...

Esa religión Cristiana
que en esa escuela se encuentra,
destruye a los estudíantes
y después les pasan la cuenta...

Las pruebas están a la vista,
ya no pueden engañar
a esos padres que ayer,
los pudieron estafar...

En ese pueblo pequeño
que hoy despierta de su estafa,
ese grupo de maestros
que desprecian nuestra raza...

Freed Hardeman University
hoy tendrás que deshacer,
a ese grupo de falsantes
que se han enriquecido,
tratando de hacerte creer...

Falsos y aprobechados
de los estudíantes que hoy,
abrieron los ojos y vieron
la falsedad y la traición...

Henderson pueblo apartado
no dejes que Freed-Hardeman te venza,
los estúdíantes aceptan tú clima,
pero no las leyes de tú escuela...

DÍA DE LOS INOCENTES

Cuando dieron la noticia
que el tirano habia muerto,
llamé a mi esposa enseguida
para festejar su entierro...

Más tarde desmintieron la noticia
pues fue una broma insolente,
hablaron del precio de la gasolina
y por su puesto del día de los inocentes.

La alegría se calmo,
los comentarios no paran,
los deceos de ser libres
y ver quienes disparan...

Para que Castro se vaya
de la isla tenebrosa,
tenemos que olvidar su nombre,
los viajes y muchas cosas...

ROBERT Y KAYLEEN

El cariño de los hijos
es diferente a los nietos,
pues los quieres y los malcrías
sin imponer tanto respeto...

Esos niños me llaman
y me gritan, "Abuelito,
ya no te voy a querer
si no me pones los muñequitos..."

Yo gozo cuando los veo,
los extraño todo el tiempo
cuando más tranquilos están,
yo voy corriendo a su encuentro...

La niña es una estrellita
que solo piensa en bailar,
le gusta la música alegre
para ponerse a girar.

Con sus ojos picaritos
te mira y se sonríe,
esperando que la halagues
y que con ella tú gires...

Robertico y Kayleen
dos niños afortunados,
gozan de mucha salud
y con sus abuelos a su lado...

MAMBISES

A unos millas veo a Cuba
veo y siento como se desploma
siento dolor no poder alzarla,
y me duele más
porque se que ella llora...

Está herida moralmente
fisicamente desplomada
esa tierra fue bendecida
antes que ellos llegaran.

Prometieron destrozarla
vengarse cobardemente,
acabar con el azúcar
el tabaco y el aguardiente...

Después de cuarenta años
de pisotear nuestra historia,
explotan libremente
los exitos de su gloria.

¿ Hasta cuando ? Yo pregunto.
Quién me puede responder,
unámonos como mambises
y acabaremos con ese cruel...

LO QUE NO DECEO

Trabajo y no encuentro como
salir del atolladero,
me estoy sintiendo ahogado
con una soga a mi cuello.

Miro hacia todos los lados,
busco por todas partes
ofresco mi trabajo honesto,
para tratar de escaparme.

No quiero cometer errores
prefiero seguir luchando,
si no tengo alternativa
tendré que apartar lo honrrado.

Las circunstancias te obligan
a faltar a tú palabra,
a cometer fechorias
y a incineral tú alma.

Estoy pagando bién caro
el haberme quedado aqui,
no oí a mi corazón,
al que siempre yo seguí...

No me estoy lamentando
acepté probar la suerte
empeze a trabajar duro,
y a tratar con distintas gentes...

La experiencia me ha enseñado
ha, vivir entre leones,
a desafiar mi destino,
y enfrentar a los traidores...

Lejos me quiero ir,
aunque trabajo yo pase,
no sería la primera vez
ni la última en levantarme...

Si me caigo entre leones
y me puedo levantar,
prefiero pasar por eso
que tenerme que humillar...

¡ No es orgullo ! es dignidad.
valor siempre he tenido,
actúo por convincción, y
porque Dios asi lo ha querido...

ALGO DIFICIL

Que duro es decir las cosas
y que no te entienda la gente,
que ignoran que tú los amas
y que quieres protegerle…

Duele saber esas cosas
y tenerlas que callar,
soportar que de tí se burlen
esa gente sin moral.

Gente que no valen nada
por circunstancias no escritas,
han llegado a tú familia
a dejar huellas malditas.

No quiero mencionar nombre
pero el que lea estas lineas
sabrá, que se trata de personas
que no quieren, ni a su mamá.

Su castigo se aproxima
y en la tierra pagará
los daños ocasionados
por no respetarse más…

FIESTAS EN CASA

De lunes a viernes trabajo
todos los días del mes,
para cubrir los gastos
que yo me proporcioné.

Casa quise tener
para que mis hijos vivieran,
desahogados en sus cuartos
y pudieran hacer sus tareas...

Portal amplio les hice
con barandas de protección,
con un San Lazaro en medio;
para no tener que ir Al Rincón...

Espacio para los carros
por ambos lados dejé.
para que la visita cupiera,
porque a los *party* yo los invité...

La faena es atrás,
casi que a media lúz
mi esposa cocina dentro
y yo lo hago en el B.B.Q.

CANSANCIO

Ya me cansé de esperar
pues el cuerpo, de todo se agota,
voy a librar a muchos
de una amargura tras otra.

Alguien debió hacerlo antes
dejaron que el agua corriera,
ensuciando sus aguas limpias,
manantiales y praderas.

Se desplazó contaminando al mundo
usando muy mal su talle
agobiando a sus vecinos,
y también a sus familiares.

Tropesastes con la verdad
pues todos no son iguales,
te equivocastes de victima
busca en tús corrales.

Respetando a los marranos
deceo que algun día entiendas,
que no ha todos los hombres
podrás pasarle la cuenta.

Tienes la boca sucia
mal hablada es poca cosa,
los hombres te huyen siempre
por ser tan pretenciosa.

DOLOR CON DOLOR

Trato de proteger
a mis seres más queridos,
de una vibora que envenena
hasta el aire que respiro...

Trato de huir en silencio
para evitar males mayores,
con esa vibora hambrienta
que sólo destruye a sus alrededores.

Sin sentimientos ni orgullo,
está hecha de carton,
envenena sin piedad
porque esa es su condición...

Doble personalidad demuestra
hasta llegar donde quiere,
levanta falsos y miente
porque su presa no se defiende...

Algun día va ha pagar
con intereses dictados,
por el que todo lo puede
y que todo lo ha escuchado...

Tus víctimas estan llorando
son dolores infinitos,
y con sus heridas habiertas,
se encomiendan a Jesus Cristo...

SIN TEMOR

No le temas a la vida
enfrentala sin temor alguno,
no le temás a los obstáculos,
brincalos si es oportuno.

No dejes que la oscuridad te alumbre
no aceptes ningun revés,
mira la vida hacia delante
y manten contigo la fé.

La vanidad es traicionera,
presumen de ella los infelices,
personas sin pudor
que no aceptan sus raíces.

Ser rico es sencillez, honestidad,
valor, y principio:
si un hombre posee estas cosas
eso si es ser hombre -
no un hablador maldito.

Lo material va y viene
el dinero no tiene dueño
lo usas de mano en mano,
con el resuelves, pero no es eterno.
Por eso, no temas,
ser sencillo y honesto,
ten principio en la vida,
que al final, desnudo llegastes
y desnudo iremos al mundo eterno.

INTERVENCIÓN

20 de Mayo del dos mil siete
piro tiene su cita,
donde le darán alta
para convertirse en reiglete.

Ahora se vá a preparar
para el futúro sercano,
a Baltimore ira a jugar
estos meses de verano.

Será preperación y gozo,
luego vendrá a la escuela
para seguir en forma
hasta el dos mil ocho.

Ya obtiene alguna experiencia
estoy seguro que podrá,
superar esas lecciones
y cuidarse más.

No se explicar lo que siento
escribo, pensando en tí.
yo fui joven y jugaba
y sin oportúnidad crecí.

Hoy yo te puedo apoyar
y lo haré hasta que pueda.
por que un verdadero Otero,
jamás baja su bandera.

DE PRISA

Pena siente mi alma,
al ver a una joven correr
hacia una desgracia vecina,
que su esposo pone a sus pies.

Mi alma dejó de entender
a los jovenes de ahora,
que sin escrupulos engañan
y escuchan que los hijos lloran.

Más pena siento conmigo
porque siempre critiqué
a las personas despiadadas
que se apartan del deber.

Hoy me siento castigado
por el divino señor,
con una balanza en mis manos
ver como corre de mal en peor.

No te metas en mi vida
a sus mayores respondió
cortando cualquier consejo
que de su corazón brotó.

Quizás mañana entenderá,
que el peligro se vió venir.
que no hicistes caso a tus padres,
cuando te dijeron,
esa relación necesita fin.

INMIGRA

Los hombres inmigran
por diversas razones,
por mejorar sus vidas ó
por evitar frustraciones...

No es justo soportar
maltrato, por no querer,
aliarse a los comunistas
que abusan de su poder.

Hay muchos que se envolucran
y se lo toman a pecho,
actúan sin querer queriendo
pero ya el daño está hecho...

Pronto llegan al exilio
arrepentido de todo,
diciendoles a sus compatriotas,
"Para vivir en Cuba,
tienes que estar en todo."

La verguenza se perdió,
nunca lo había dudado,
que los hombres que castro mandó
son unos degenerados.

MENSAJE AL LECTOR

Cuando desees tener
un futuro afortunado,
debes ir a la escuela
a lograr lo que has soñado.

Con estudio se logra todo
siempre tenlo presente,
pues el dinero sudado
te hace más competente.

Cuando obtienes beneficios
con el sudor de tú frente,
con tranquilidad vives
y no le debes a la gente.

Te respetarán por tí,
pues tú te supites imponer,
con sacrificio y tesón
lograstes lo que soñastes ayer...

Este ejemplo es para todos
los que quieran prosperar,
pensando en los estudios
la forma más especial.

Cuando desees tener,
un futuro prosperado
lee lo que escribí antes
y serás afortunado...

DINERO

Dinero, un preciado papel
que envolucra a las personas,
a convertirse en falsos, deshonestos,
y en deshonra...

Mientra el dinero exista
en tú insolente poder,
acercarás a tus amigos
hasta que acaben con el.

Poco durará tú suerte,
pues tús amigos ya saben
que con muy poco y dos tragos,
es como votarte la llave.

No te dejas ayudar
prefieres seguir en la escoria,
embriagado en las esquinas
y perdiendo la memoria.

Si nuestra madre viviera
y viera tú proceder
moriria de verguenza,
en este mundo tan cruel...

El tiempo sigue pasando
las heridas no han cerrado,
no se trata de un perdón ,
busca un mejor aliado.

No has crecido como un hombre
sigue tú mente en el limbo,
no admites que se te ayude
porque siempre haces lo mismo...

Espero para el futuro
ver en tú vida un cambio,
verte limpio y rasurado
para que de tí no se estén burlando…

Lo siento por tú suerte
y sé que asi tú lo has aceptado,
dormir donde te de sueño
y mantenerte embriagado…

TÚ GOZO

En esta hoja yo plasmo
mi dolor tan infinito,
de ver a alguien que aprecio
caerse de un precipicio.

Ya no puedo sugetarlo
poco a poco lo veo ir,
mis manos no tienen fuerzas
lo tendré que dejar partir.

El tiempo te dará experiencia
aunque nunca reconocerás,
que tú envidía hacia lo justo
fue como destruir la paz.

Las huellas te marcarán
y tú estas convencido,
no mirarás hacia delante
porque gozas con tú cruel destino...

No te fíes de tú destino
vuelve a la realidad,
desconfia de tú presente
si aún te queda dignidad...

A LA MONTAÑA

Muchos llegan a la cima,
cabalgando con cuidado
y se sientan en la silla,
de los que ya han triunfado…

Por otra parte el que lucha
pasando necesidad, se lastíma
varias veces tratando de llegar.

Cuesta llegar a la cima
pues se tiene que trabajar duro,
con lecciones muchas veces
debes mirar al futuro.

Dios no te va abandonar
confía en él y verás,
que no importa la distancia
tú objetivo es poder llegar…

Cuando llegues no descanses,
piensa que llegar te costó
mantente como al principio
con furia de ganador…

8 ANIVERSARIO

Ocho años resististes
con la cadena al cuello,
sin ocuparte de tus hijos,
de tú esposa ni de tú lecho.

Fallastes con tus amigos,
allegados y familiares
solo te importa el juego,
los gallos y tus detalles...

Ocho años perdidos
abusando de tú esposa,
llegando borracho a casa
sin importarte otra cosa.

Tú dinero es para beber,
jugar y pelear gallos,
compartir con tus amigos
y a los demás, que le parta un rayo...

Ocho años que vivistes
como nadie lo creía
arrecostado a tú esposa
por no luchar en la vida...

Se te acabó tú jueguito
ya no puedes engañar,
ni a tú esposa, ni a tus hijos,
ahora tendrás que luchar...

Estas llegando a cuarenta
y no has sabido sembrar,
el amor entre los tuyos
para poder cosechar...

Tú bajesa sin límite...
rompió a tú esposa el corazón,
cuando empuñastes el cuchillo
para desbaratar el colchón...

Olvidastes que tus hijos
dormían en ese colchón
se te recordo y dijistes…
"Que importa, a mí me costo…"

Nunca olvidaremos esa frase,
presente siempre tendremos,
que entre los hombres bajos, tú
siempre serás el primero…

EL REY DEL POP

Se ha ausentado un pilar
que el mundo reconoció,
que entre famosos artistas
lo nombraban el Rey del Pop.

Desde niño demostró
su talento especial,
bailando su propio ritmo
y movimiento expectacular.

Fue un hombre prematuro
pues la niñez por el no pasó,
se preparó como adulto
por eso fué el Rey del Pop.

No pudo jugar en su tiempo,
nunca se divertió, con niños
de su tamaño,
porque su padre lo castigó.

Desde niño le enseñaron
a producir sus canciones,
a que pensara en dinero
el fruto de los mayores…

Que habrá pensado ese niño
cuando mirába a su padre,
imponiendole castigo
como si el fuera un infame.

Al crecer ese muchacho
se independisó de su ser
apartandose de sus parientes,
porque ya el tenía poder.

Su riqueza la invirtió
para demostrarle al mundo,
que el dinero no es la vida
que su dolor era más profundo.

Un jardin de infantes hizo
dentro de su mansión,
para que los ninos jueguen
sin ninguna condición.

Dejo un legado sembrado,
entre todas las personas
que escucharon su música
aunque no entendieran su idioma.

¡ Michael Jackson tú te fuistes !
Y yo te diré al respecto,
que tú música se oirá
y te respetarán después de muerto...

AMOR

Con amor todo se logra
por amor se vive,
si piensas de otra forma
el amor para ti no existe...

Nunca te dejes llevar
por intereses absurdos,
el interes va y viene
el amor es más profundo...

Cuando amas de verdad
fuera de interes alguno
tú corazón no sufre,
porque tú corazón es puro.

No es decir, ¡ Yo amo !
es sentir y demostrar,
que el amor verdadero
extermína cualquier mal....

Ama y dejate amar,
lo tienes todo a tú lado
no desprecies el amor,
deténlo, ¡ No despreciarlo !

CONCIERTO POLEMICO

Todos acusan a Juanes
por visitar al tirano,
por llevar alivio económico
y abrazar a ese pueblo hermano…

Los que residen aquí
y que por él fueron maltratados,
también visitan a Cuba
y nadie los ha sancionado.

La memoria del Cubano
sufrieron allá en la isla,
y cuando llegan a Miami
¡ Por favor quien lo diría !

Pena debemos sentir
aquí en este hermoso exilio,
al ofender a un extranjero
que visite a nuestro maltirio...

Usted, que ése tirano
lo despojó de su patria
a vuelto a visitar a Cuba,
con el rabo dentro de las patas...

¿ Porque acusan a Juanes?
Ó a cualquier otro extranjero,
que visite a nuestra Cuba
si tú fuistes primero…

El orden empieza por casa
nunca se olviden de eso,
recuerda cuando llegastes,
con tú corazón deshecho.

Si quieres una apertura
para el pueblo en general,
no critiques al extranjero
si tú lo haces igual…

El embargo no existió
el mundo entero lo sabe,
tú sigues visitando a Cuba,
y te molesta que vaya Juanes…

No justifiques tú viaje,
diciendo que la familia
necesita tú presencia,
para soportar la vida.

El pueblo nos desterró
nos gritaron oprobios
y sin verguenza ninguna
volvistes a visitar a tú novio.

Sigues visitando a Cuba
a recordar tú pasado, ó
a demostrarle a Fidel,
que tú no lo has olvidado.

Tú no vas por la familia
ni por parientes cercanos,
tú vas a llevar divisas,
a ese gobierno, tirano…

½ SIGLO

Medio siglo de esclavitud
en una isla preciosa,
un gobierno equivocado
le robó todo lo hermosa.

Hoy se mantiene en silencio
otorgando su dolor,
sin encontrar un escape
que alivie su corazón.

Una inyección de optimismo
a grito la esta esperando,
para revivir los cimientos
que se estan deteriorando...

El gobierno Americano
ha tratado de extender,
una ayuda a la isla
para manternerla en pies...

Cuando el silencio haga ruido
y los habitantes de ella,
conozcan sus derechos,
sin miedo van a defenderla...

Ese gobierno Cubano
no admite ayuda ninguna,
pues piensa que el imperialismo
va acabar con su fortuna.

Se dice que Cuba es libre
cosa que no es verdad,
pues donde existe silencio
no puede existir libertad...

Personas con doble rostro
apoyan al comunismo,
destrozan a sus paisanos
familiares y vecinos.

Gritan revolución
viva Fidel y sus perros
los mismos con doble rostro,
que destruyen a su pueblo...

Con tremenda facilidad
esas misma personas,
llegan a Estados Unidos
a contar sus sucias historias.

Los dirijentes Cubanos
que viven en este exilio
hacen bullas con los que llegan,
que fueron nuestro maltirio.

Democracia, palabra que libera al mundo
y que ampara a los traidores
que de Cuba llegan, a este pueblo
para hacer lo mismo.

No jusguen mal mi palabras
yo escribo lo que estoy viendo,
igualmente todos lo saben
pero no se atreven a hacerlo...

Se prestan para lucrar
con los que fueron traidores,
se abrazan codos con codos
olvidando sus temores.

Politicos dicen que son
se pasan el año hablando
tratando de confundir
a los que ya estan observando.

Unos a otros se culpan
depende de la ganancia,
se cubren uno a otros
debido a la circunstancia.

Politicos que van a Cuba
expresos de este exilio,
van a lucrar a Cuba
olvidando su maltirio...

Obama, tiene razón
hay que abrirle a nuestro pueblo,
que viaje todo el que quiera,
y que se acabe esc misterio...

REINA DEL CARIBE

Se escucha rúmba en el cielo
con relampago de lúz,
anunciando que hace un año,
que falleció Celia Cruz...

Día que nunca olvidamos
porque a Celia la queremos,
su partida fue inminente
pero siempre la recordaremos.

Celia dejó como legado
música, amor y dignidad
demostrando al exilio,
que mientras existiera dictadura
a su tierra no volvería jamás...

Nos dijo adios Celia Cruz
y esperemos que regrese
(simbolicamente hablando)
pues en sus canciones aparece...

Descansa en paz Celia Cruz
te desea quién escribe,
quién te respeta y admira
¡ Por ser la Reina del Caribe !!

OBSERVO

Desde el portal de mi casa
sentado en un sillon,
observo a mis dos palmeras
a mi fuente y a mi camión.

Lloviendo se encuentra ahora
apenas salir se puede,
por eso desde mi portal
observo a todo el que viene.

Me conformo con mirar
pues otra cosa no puedo,
si hablo no me comprenden
los de casa, ni los ajenos !?

No pretendo que me entiendan
ni mucho menos que acepten,
que soy un hombre reberde
que no acepta condiciones,
de personas inmaduras
huérfanas de pasiones.

Prefiero seguir callado
sentado en mi sillon, observando,
a mis palmeras, mi fuente, y mi camion ?!

MÚSICA Y PAZ

La música controla todo,
llega a los corazónes,
penetra como daga
y después surgen amores.....

No importa que reberde seas
no importa cuanto has sufrido,
cuando la música entra en tú cuerpo,
después reina el olvido...

La música es medicina
es paz, olvido y amor,
idioma que todos escuchan
cuando se tiene ilusión.

La música hace vibrar
a todos los que la escuchan,
no importa que raza seas
ni en que idioma se pronuncia...

Cuando agobiado te encuentres
entre tormento y dolor,
escucha música amigo,
y dale paz a tú corazón..

GRITO DE DOLOR

Quisiera gritarle al mundo
el dolor que en mi pecho llevo,
dolor que no se me quita
con ningun medicamento...

¿ Cuando cerrará esta herida,
Cuando va a cicatrizar ?
Ya mi cuerpo está cansado
¡ Ya no hay fuerzas para gritar !

El silencio me tortura
la injusticia me maltrata,
saber que tengo razón
y ver como las cosas pasan.

Me propongo resistir
todos los malestares,
pero que no toquen a los mios,
ni a mis principios,
ni a mis ideales...

RECUERDO AL PATRIOTA

Hoy descansa en el exilio
una figura importante,
amigo de la justicia,
y enemigos de los ignorantes...

Su nombre fue conocido
como el pétalo de una rosa,
su nombre es mister *Jorge,*
y su apellido *Mas Canosa.*

Hombre de lucha y patriota
con orgullo exportó su heroismo,
luchó siempre por su patria
y falleció odíando al comunismo.

Su lucha no fue en vano
debatistes con los fuertes,
los desprestijiastes ante el mundo
y desafiastes al presidente...

Siempre te recordaremos
como una figura importante,
llevando al pie de la letra,
aquella última frace
¡ Adelante, adelante, adelante !

CON TALENTO

Se necesita tener suerte
para que tú trabajo se escuche,
que lo estúdie un editor,
para que sienta lo que el escritor sufre.

Puedes tener talento
escribir versos hermosos,
gustarles a los lectores
sin tener que ser famoso.

Si escribes tus experiencias
sin sentido figurado,
leerás bién mis poemas,
y entenderás lo que en ellos he plasmado.

Suerte ya estoy teniendo
pues algunos han leido,
estas humildes letras,
que del alma me han salido.

Es privilegio poder leer
libros, historias ó correspondencias quizás,
leer te instruye mucho,
y se aprende cada vez más.

EL JARDIN

Una flor no se malchita
si la proteges bién,
si la riegas con frecuencia
y la apodas también...

Los colores resplandecen
su aroma es encantador,
su perfume a todos gusta
por tener buen fijador...

Un jardin florecido
es hermoso contemplar,
pues las rosas de un jardin
dan deseos de volverse a enamorar..

Todas las damas se encantan
cuando les regalas flores,
te las aceptan sonriendo
y hasta permiten que la enamores...

Si algo no marcha bién
antes de pedir perdón,
presentate con rosas rojas
para que oiga los gemidos
de su corazón...

USTED ES ASI

¿ Porque los hombres cambian ?
Su forma de proceder,
por posición se humillan,
por dinero y por placer...

Cuando estrechez la mano
de alguien que te presenten,
fijate que en sus labios está el veneno
y un cuchillo entre sus dientes...

No lo estimes enseguida
espera que el tiempo pase,
pues con el transcurso de los días
puede haber un desenlace...

Amigo se dice fácil
son cinco letras quizás,
pero el destino del hombre
es conservar amistad...

Amistad son muchas letras
que hay que saber escribir,
pues representan, sinceridad, aprecio,
respeto, y consideracion.
   ¿   Usted la sabe escribir ?

EL VOTO

Cuando vayas a votar
Democrata ó Republicano,
estudia bién al candidato,
porque luego viene, decepción y mal rato.

Todos prometen cumplir
todos aceptan el reto,
debaten con experiencia,
lo que ellos están prometiendo.

Cuando ya te convencieron,
tú vas a las urnas a votar,
después esperas el veredicto,
del candidato que va a ganar.

Gano uno ó el otro
ellos van a festejar,
con sus amigos y familia
y a tí no te van a invitar.

Pasa el tiempo y la promesa
que hizo el candidato,
entre langosta y buen vino
se olvidan a cada rato.

La politica es votar
como todo cuidadano,
libre y en democracia
y que no te importe,
quién ha ganado.

ORGULLO

Muchas pruebas te dará el destino
te pondrás frustrado he impaciente.
querrás apresurar el tiempo,
y hasta por momentos serás insolente.

Tendrás que tener paciencia
y esperar tú mejor tiempo.
pues a la meta ya estás llegando,
demuestra que lo estás haciendo.

Lo fácil, fácil termina,
pues no se luchó con sangre.
todo llega a la mano,
del que no tuvo que sacrificarse.

Enseña tú fortaleza, velocidad y poder
que alguien te está mirando,
pues alguien te vino a ver.

Usa lo que aprendistes,
como una arma mortal.
sal a jugar con orgullo,
que nadie te va a derrotar.

PROMESA

El destino me esta golpeando
aunque actúo con buena fé,
lo incorrecto sobresale,
ó al menos, es lo que se ve.

Yo protejo a mi familia del mal
y con fuerzas, las defiendo,
no importa a quién lastíme,
no importa oír lamentos.

Mis hijos son mi fortuna,
no quiero que los lastimen.
ellos no pidieron venir al mundo,
y si llegaron, es para que yo los cuide.

Disculpo al que no piense así,
que Dios perdone al que actúe mal.
pero yo entre columnas vi la lúz
y ante un ara prometí,
ser padre y esposo ejemplar.

No somos perfecto,
Pero trabajamos en base
A la perfección.

JURAMENTO

Quizás sea un poco duro,
en mi forma de proceder.
pero juro señores,
que no acepto a una mujer infiel.

No he tenido esa experiencia
pero he oido a personas,
que han sido traicionado
y con facilidad la perdonan.

Si no sabes mantener
a una mujer a tú lado,
dejala que sea libre
y serás recompensado.

Las mujeres son artistas
y cuando aprenden a engañar,
se desquitan de lo que les has hecho
y te vuelven a engañar.

Cuando ellas prueban
el sabor de la traición,
no le temen al peligro,
traicionan por su valor.

Tú ya la perdonastes,
¿ De que te quejas ahora ?
Reconoces que eres flojo
y ella una vaciladora.

Volverás a tú labor,
harás lo imposible por creer,
que has estado soñando
y que no te lo volverá a hacer.

Cuando un hombre perdona,
una infedilidad,
está espuesto a que hablen
de su personalidad...

Vivimos en la sociedad,
tratamos a distintas gentes,
y por mucho que olvides,
no puedes mirar de frente.

TRISTE CORAZÓN

Cuando pienso que te quise
con locura y pasión,
desafié a mi corazón
por no saber lo que hacía.
mi seguera fue tan profunda
que no acepté tú hipocresia.

Sin límites yo te amé
sin importarme tú origen
separando de mi mente
mis verdaderas raices.

Entenderás estas letras
con su contenido real,
después que pase algun tiempo
de haber disfrutado el mal.

Recuerda que todo se paga
tanto el bién como el mal.
aunque a tí no hay quien te cobre,
pues no tienes con que pagar.

Es tan poco lo que vale
una persona capáz de engañar,
que viviría avergonzado
por tener que irle a cobrar.

Por eso cuando pienso que te quise
con locura y pasión,
deseo abrirme el pecho
y arrancarme el corazón…

EL PROSPECTO

Hector se llama este atleta
que les voy a mencionar,
pues, debe poner todo su empeño,
para poder jugar...

Es un futuro prospecto
para jugar en la grande,
pues su estatura seis cinco
lo hace más importante...

Despierta tú actitud
ponte serio para tú futúro,
pues con tú, edad y talento
me atreveria a decir que entre tus brazos,
tienes el mundo...

Sigue con decisión
ten presente tús lanzamientos,
has llegado a noventa millas,
por eso eres un prospecto...

Te están siguiendo los que saben,
que fácil puedes llegar,
a jugar entre los buenos
y *platano* te han de llamar...
Levanta tú autoestima
nunca te dejes vencer,
sigue con la cabeza en alto,
que los *scouts* te quieren ver.

No regales tú talento
déja que el tiempo pase,
sigue puntual en la escuela,
que los *scouts* saben lo que hacen...

ELECCIONES A LA FUERZA

Los chavistas no han sufrido
la dictadura de Castro,
se les aproxíma un mar de lagrimás
con un rojo acompañado.

La ignorancia de los pueblos
apoyan la desverguenza,
apartan todo de sus vidas
sin saber lo que les cuesta.

El pueblo empezara a sufrir
después de los primeros meses,
los hijos carecerán de todo
y las familias desaparecen.

Empezarán a inmigrar
muchos venezolanos,
huyendo de su propia patria
por culpa de ese tirano.

Todos esos chavistas,
que hoy apoyan a Fidel
sufrirán en sus propios cuerpos,
y verán la sangre correr.

Todos serán engañado
igual que a los Cubanos de ayer,
que escucharon sus promesas
que todovía se están por ver.

Este es el nuevo milenio
¡ Habran los ojos hermanos !
Luchen por su tierra y acepten
la experiencia de los sufridos Cubanos.

CRESÍ

Un niño cuando es privado
de juguetes y diverción,
endurece como un cañón
y sufre lo que ha soñado.

Triste vive y pensando, que
su destino es muy cruel,
si yo no puse a Fidel
¿ Porque yo he de pagarlo ?

Muchos sufren sin remedio
entre rejas y barrotes,
en esa isla gobernada,
por un grupo de coyotes.

Por convinción te sancionan
no importa que seas inocente,
su trabajo es sancionarte
y gritar "Patria o muerte."

Odio es lo que yo siento
ver a ese pueblo Cubano,
defilar con alegría
agarrados de la manos.

Hipócrita y jugadores
que apoyan a ese tirano,
que se confortan hablando
de los derechos humanos.

Sobre el destierro de Cuba,
ó exilio que conocemos?!
desde el 59 a la fecha.
Los Cubanos ¿ Que hemos echo ?

Sin escrupulos viajas a Cuba
a enriquecer al tirano,
a lucrar con dos cadenas
y a despreciar a tú hermano...

Verguenza debes sentir
y no viajar a la isla,
y respetar el silencio,
que reyna en la campiña.

'Dedicado a los Cubanos que realmente odían la dictadura'

CABALLO

El caballo es un animal
inteligente y sencillo,
cariñoso con su dueño
si es criado desde potrillo.

Mil uso tiene el caballo
el campesino lo usa,
para trabajar la tierra
y para mucha más cosas.

Lo usa como transporte
camina de pueblo en pueblo,
muchas veces en ayuna
otras veces con sueño.

El caballo nunca se queja
muchas veces para no ser golpeado,
pero si lo miras a los ojos
te das cuenta que ha llorado.

El siente también dolor
sus patas también le sudan,
su jinete pasea con él
después de ponerse montura.

El caballo no se queja
porque es muy fuerte.
Su dueño lo lleva a pasear,
úsalo porque es tuyo
y dejalo descansar.

MARZO 11

Vuelven a atacar los terroristas
esta véz con menos dignidad,
pues atacaron a la madre patria,
simbolo de neutralidad!

¿ Porque, tanta maldad ?
atacar a inocentes,
¿ Cual es su meta fija ?
Destruir a este Pais,
que es la tierra bendecidad!

No lograrán más insultos
ya no queremos más muertos
están despertando al monstruo
que se encontraba durmiendo...

Calculadores y frío
actúan cobardemente
aterrorizando al mundo
y poniendo en *jaque a la gente.*

Novecientos once días después,
de atacar a New York
se aparecen en españa
para sembrar más dolor..

Esperemos que en Europa
Italia, Francia y demás,
se unan con patriotismo
y no permitan que en su tierra,
los domine el terrorismo...

NIÑA Y MUJER

Cuando quise protegerte
porque el daño veía llegar,
me apartaron de sus vidas
y la familia empezó a pelear...

Todos me culpan a mí
de esa separación,
no dejarón que explicara
que por mi experiencia podía tener razón...

No impotaron mis consejos
no me dejarón actuar,
se olvidaron de la familia
por algo tan inmoral....

Se pudo evitar el daño
con disciplina y respeto,
con cariño y poder
no hubiera sido antes de tiempo
ni madre ni mujer...

Todos tienen razón
menos yo que lo dije antes
con esa actitud lograron,
acabar con su vida de estudíante...

Hoy todo esta bién
pues de romance se trata
son dos adolecentes
realizando sus hazañas...

Se burlaron otra vez
demostrando su valentía
pisoteando a su madre, a sus abuelos,
y a su tía...

Donde está la confianza
que tanta falta le hacía,
que va hacer de su vida
te lo preguntaras mil veces
SON RESPUESTAS VACIAS...

PALOMA

Paloma tú puedes volar,
sin que te corten tus alas
y llegar a la morada,
sin preocupación ninguna…

Porque alli tús hijos te esperan
sobre la mata de tuna.
No te entristezca paloma, no sufras,
espera que escampe.
No hay barreras en el cielo
que a tí pueda aguantarte…

Tú preciada desición
de encontrarte con tus hijos,
con obstaculos de fuerza,
seguistes de lado a lado,
buscando con desición
buscando sin resultados.

Quizás nunca los encuentres paloma
pero el esfuerzo lo hicistes,
alguien del más allá
oíra tus gemidos,
sufriendo sin esperanza
el dolor de perder a un hijo...

MI NIETO

¡ Acabo de despertar !
y lo primero que veo
es a mi nieto correr,
y mirarse frente al espejo.

Con un objeto en la mano
me grita con atención
Tira la bola abuelo
Para pegar un jorrón.

No precisamente dice
lo que de él yo interpreto,
pues el siempre piensa
en jugar pelota, y por eso lo respeto.

Lo complazco casi en todo
me usa para sus juegos,
y de oír lo que me dice,
¡ Hay veces me quedo perplejo !

Es inocente y capáz, intrepido y ocurrente
juega con todo el mundo, es maldito, con la gente…
Grandeza de sentimientos
es lo que todos le damos,
Lo queremos porque siempre
¡ A su lado despertamos !

SEPTIEMBRE

Septiembre,
hermoso mes,
como también lo son sus días
como lo es mi lápiz,
como lo son mis sentimientos,
pero no mi alma...

Mi alma llevando el color funebre
de aspecto brutal,
recorre el empedrado camino de la
desgracia, del sufrimiento,
y con él todo lo miro,
a la antesala de una preciada victoria.

¿ Cuantos Septiembres pasarán por nuestros cuerpos ?
muchos, ¡ Quizás miles !
Pero habrá uno dentro de tantos
que siempre lloraremos...
aguel 11 de Septiembre

LO SABÍA

No pienses que me engañastes
de tí yo nada dudo;
desde que te vi llegar,
mi experiencia se interpuso.

No quise que fuera así
traté por todos los medios,
llevar esta fiesta en paz
y actuar como remedio.

Sospecho que tú no entiendes
que significa familia,
te disculpo porque se
que tú cien, está vacia.

Antes de morir quisiera
tener la oportunidad,
de ver a mi esposa en paz,
a mis hijos y a mis nietos.

Yo prometo distancia eterna
si asi tú lo prefieres?
olvidaré que llegastes,
si te veo no te he visto
en paz estaré con Cristo.

Te lo vuelvo a prometer,
Pero por favor mujer,
olvidate que yo existo...

MINERVA

Minerva es una Diosa
de los años anteriores,
filosofica y querida
por todos sus creadores.
Ser masón no es algo fácil
ser poeta quizás,
Jose Marti fue nuestro apóstol
y vió la lúz en la fraternidad.

Es hermoso conocer
y expresar lo que se siente,
respetar a los hermanos
y a los que aún viven
en el lejano oriente...

Un masón se reconoce
por la forma de caminar,
por sus principios humanos
y por su forma de actuar...

Varios pasos lo distinguen
su vestuario lo decora;
una espada lo defiende,
de pasiones indecorosas...

SEMBRÉ

Sembré un arbol frondoso
con el fin de cosechar,
amistades y familias
y no lo pude lograr…

En algunos de los casos,
siempre que siembras recoges,
yo no he tenido esa suerte
por que para mí en el campo,
sólo se siembra flores…

Días más o días menos
se debe de sembrar,
con el fin de algo útil
no para reprochar…

En ese árbol frondoso
que representa dureza,
están grabado unos nombres
que traicionan la nobleza…

OCHENTA

Al final de la jornada,
mi numero de suerte es
ochenta para mi alegría,
y fecha de cuando llegué.

80 es un dijito muy especial
para mí siendo Cubano,
pues ése díjito ha marcado
un principio y un final.

Y para poder celebrar
un libro que estoy dictando,
espero que guste tanto,
y lo lean detenidamente
pues lo he escrito realmente,
como si estuviera soñando..

Ochenta poemás he escrito
para finalizar,
el libro que estoy dictando
y al fín poder despertar..

MENSAJE

Si no tienes nombre ni fortuna
en un pais importante,
te usan y te maltratan
como a cualquier inmigrante…

Hay formas de herir a un hombre
sin ponerle la mano encima,
simplemente con mirarlo
y negarle su anistia...

Los principales culpables
son los patrones ó dueños,
que exigen tareas altas,
como en la esclavitud
abusaban de los pobres negros.

Este mundo lleno de odio
y de intereses personales,
que sólo el dinero impera
aunque no tengan modales…

Sugiero a la juventud
que estudien y se preparen bién
para que en el futuro,
no aguanten insolencia, ni maltrato
de los que tienen poder….

Dedicado a la juventud…

SEÑORA

La mujer es lo más bello,
que Dios ha procreado,
por eso éste universo,
no se encuentra desolado...

Todas las mujeres son bellas,
y sobre todo inteligentes,
algunas trabajan fuera de casa,
y al terminar sus labores,
aún son competentes..

Cansadas de trabajar
nunca se dejan rendir,
son tan fuertes y tan humildes,
que hasta te hacen sonreir..

La mujer es lo más bello,
no la lastimes señor,
respetala y cuidala ahora

y siempre tenga presente,
que usted también nació
del vientre de una señora...

A MIS HIJOS

Que futuro más brillante
que aspiraciones futura
que bonito se siente,
sentirse útil en la vida...

La crianza de los niños
significa claridad,
respeto hacia la vida,
hombría y seguridad...

Estas cosas que te he mentado
brevemente las describo,
como simbolo perfecto
como acciones que no olvido.

Me aferro a la conducta,
que de niño me enseñaron,
ser hombre en todo momento,
y apartar de mi lado lo malo...

Cuatro hijos Dios me dió
a los cuales los enseño
que se vive con moral,
que se vive sin misterios...

LO QUE YA PASÓ

Un joven Dominicano
que jugaba baseball,
lo cortaron del equipo
para jugar basketball.

Yo lo conocia por "funny"
en high school lo querían
su sorpresa fue ese corte,
¡ Que a sufrir lo ponía !

Él inconforme por esa desición
se preparó como buen atleta,
para seguir demostrando
que a "Platano" se respeta.

No se dejó vencer
siguió luchando y luchando,
demostrando que el podía,
con su apodo seguir andando.

Hoy se encuentra en la universidad
jugando como el primero,
dedicado a su deporte
¡ Con disciplina y esmero !

Sus amigos hoy lo aplauden
porque conocen bién,
que fue injusto aquel corte
y que un anillo pudo tener...

Dedicado a Hector, el dominicano

LA NATURALEZA

El sol alumbra el camino,
de la tierra recibimos alimentos,
los árboles transmiten oxigeno
para que todos respiremos...

El agua que nos bebemos
que de las montañas decienden
es pura limpia y fría,
porque es agua transparente…

Cuidémos lo puro y bello
que nos brinda la naturaleza,
árboles frondosos, tierra fertil,
rios caudalosos, que de ellos nos servimos
por obra de la naturaleza…

Dios creo al mundo
con infinito respeto,
nos dió sabiduria
para fabricar instrumentos…

El hombre tragiversó
los conocimientos brindados
fabricó instrumentos mortales,
para obtener poder
como ya había escrito antes *Nostradamus*.

DOLOR

América esta de luto, óigalo bién
mataron a los jimaguas,
mataron a los jimaguas
sin piedad y sangre fría...

En un acto de cobardía, de egoismo y maldad,
envidía degenerada, de un grupo sin alma alguna,
dejando a seres llorando y sufriendo de por vida.

La falta de los jimaguas.
sin duda la estrañaremos,
y de seres humanos ¡ Caballeros ! ¿ Que diremos ?
no se puede descifrar el dolor de la nación...

Los gemidos de los jimaguas al caer a ese pantión,
el luto será por vida, a los muertos recordaremos;
pero sin duda alguna,
¡ Lloraremos a los jemelos !

YA NO MÁS

Ya me cansé de enseñarte
que los hombres de moral,
no se humillan ante nadie (y menos)
ante una mujer burgar.

Yo se que tú entiendes todo
pues pruebas de sobras has tenido,
la has visto con tus propios ojos
y por eso la has maldecido…

Continúas tus relaciones
por que te gusta el placer,
sentirte el centro de todos
y hablar mal de esa mujer...

Después de decirle a todos
que esa mujer no te gusta,
que acabó con tú moral
y sientes que ella difruta.

En un hueco te lanzó
eso decías llorando,
suplicando te perdonen
a tus seres afectados.

Todos quisieron creerte,
te apoyaron en tú llanto
sabiendo que eres cobarde
y que también de ella, te estas burlando.

Interesado y ventajista, hipócrita
y vanidoso,
te aprovechas de tú gente
y después,
te crees muy sabroso.

Tú jueguito se acabó
ya no trates de engañar,
con tú careta y, tú llanto
con otros tendrás que empezar..

QUE TE PERDONE DIOS

¿ Que significa duda ?
(acaso es desconfiar)
espero que tú no dudes
de lo que te van apuntar...

La vida golpea duro,
a los que viven dudando,
por no tenerse confianza
y por eso viven llorando...

Escojistes la duda por escudo,
te cubres en tú propia guerra,
los enemigos no existen,
solo existe la cuerda...

El tiempo destruye todo
y tú escudo no es de lata,
su material es sensible
que facilmente se mata…

Olvido, duda, y perdón
son tres palabras fatales,
que existen como escudo
entre los hombres inmorales...

Escogiste la duda
despreciastes el honor,
mancillastes la hombría
y barristes con el pudor.
Acepta tú doble personalidad
y que te perdone DIOS…

SINSONTE

El sinsonte es un cantante
que no necesita orquesta,
pues canta a pecho vivo
encima de cualquier meseta.

Su melodía es tan romántica
que todo el que la escucha
simbolicamente se enamora,
que hasta canta mientra se ducha...

Pajaro de tres colores
gris, blanco, y negro
si cantara por sus colores
fuera notable lo serio...

El sinsonte es muy pequeño
cantando es grande y profundo
por eso todas las aves,
lo escuchan en silencio absoluto...

Atraparlo es prohibido
pues es simbolo nacional,
no lo atrapes dejalo libre
que hasta te pueden penar...

DICIEMBRE

Si llegas a sentir verguenza
por tú forma de proceder,
vivirás odíando
a esa maldita mujer.

Dudo que eso pase
pues convencido estoy
que tú vida es una mentira
ayer mañana y hoy..

Escribo vasado en tí
pues mereces que te acuerden
que cambiastes a los tuyos,
por esa mujer ardiente…

Rie y goza y mantén tú valentía
pero no digas más
que extrañas a los tuyos,
por que eso es cobardía...

ADIOS

Cuando abandone este mundo
dejaré como legado,
tres hijas que quiero mucho
y a un hijo encaminado.

Mis nietos son mi alegría
Robertico y Kayleen,
un niño bien travieso
y una niña muy felíz.

Voy a descansar en paz
pues con verguenza y orgullo
quisiera que me recuerden,
pero que no me guarden luto.

Mi esposa me estrañará
pues siento que ella me quiere,
me obedece y respeta
pues yo le enseñé sus deberes.

Los cuidaré desde lejos
pendiente estaré de ustedes,
los guiaré en silencio
pues errores todos cometen..

Quiero que leas bién
y prestes mucha atención,
que organizen bien sus vidas
y actuen con presición...

RECLUSO

Voy hacer la relación
lo que es la vida de un preso,
yo que he pasado por eso
y me se bien la lección

La carcel es un rincón
de incompresible presagio,
de delincuencia contagio
de injusticia y de traición…

¡ Estetica mansion !
Que priva la libertad,
es de la fatalidad, un fantasma
y es donde cada un minuto
parece una eternidad.

Es allí donde el mal trato
te lanza hacia el abismo,
y un gesto de despotismo,
recibes a cada rato.

La carcel es un retrato
de incomprecible y horror,
es pena, angustia y dolor.
Duda que no hay quién esquive
porque alli el recluso vive,
sin paz, ni dicha, ni amor.

Cementerio de hombres vivos

LA MENTIRA

Mi verdad es absoluta
y tú destino es dudar,
de una mujer ingrata
que sólo piensa en el mal...

Nadie te convencerá
de esa verdad absoluta,
pues hasta donde sabemos
sólo con ella difrutas...

Famoso tú vas hacer
después que el médico sepa,
que preñastes, sin saber
y sin saber que ella sepa?

¿ Es normal que una mujer
se preñe sin estar preñada ?
el examen negativo y regla
estando preñada.

La barriga no le crece
pero preñada se encuentra
se le mueve el inocente,
Ó miente más de la cuenta...

YO ESCRIBO

Cuando empecé a escribir
hace algunos años atrás,
me encontraba tras las rejas
sin esperanzas a soñar...

He crecido en experiencia
y en deseos de vivir,
para escribir sin temor
las cosas que yo sufrí...

Experiencias desagradables
desde muy joven pasé,
tras las rejas de la carcel.
(pero no me doblegué)

Fuí rebelde por diez años
golpes, abusos, y mal trato recibí,
pero no bajé la guardia
y de eso sé que los convencí...

No volveré a mí tierra
mientras ese tirano exista,
pues dobleguó a mi pueblo
después de ver irse Batista...

PARA QUE CORRER

Yo no puedo comprender
porque hay que apurarse tanto,
si haces despacio las cosas
és como retratarlo...

El tiempo y dedicación,
constancia y disciplina
hace la perfección,
hasta cuando termina...

Cuando te apuras por terminar
lo que estas haciendo,
por alguna razón
algo sale funesto.

La paciencia es primordíal
usa el sentido y la mente,
has las cosas con cuidado
y piensa en cualquier accidente.

Todo a su paso llega
los años me lo han hecho ver,
que tener paciencia es de sabio
y que no vale la pena correr...

NOCHE OSCURA

En mi oscuridad eterna
víctima de la sociedad,
pensé algún día reir
y mi espiritud descansar.

Las fuerzas estoy perdiendo
por tratar de soportar,
a los que equivocadamente
sólo piensan en el mal...

Han crecido dentro de odio
envidia, chisme y traición
no respetan la familia;
no tienen paz, cariño, ni amor...

Algun día estas letras;
haran ecos en oídos,
que por fatalidad
no se limpian con cepillos.

Como chiste suena bién
pero la realidad es otra,
ver como destruyen el alma
ver como se deshoja...

ATLETA

Hoy dieciocho de Mayo
el doctor determinó,
que la cirugia fue un exito
y casi de alta le dió.

Le dijo puedes lanzar, correr
y levantar pesa,
has todos tús ejercicios
pero usa bién la cabeza.

Todo lo hará a su paso
la prisa no te da nada,
volverás a tú vida de antes
gracias al Doctor Posada...

Te volverá ver en dos meses
para su seguridad,
como doctor de deporte
cesará su responsabilidad...

Tú como atleta que eres
después de estar lastimado,
harás tus ejercicios
antes de haber lanzado.

Y para finalizar
después de tanto litijio,
como buen atleta que eres
volveras a empezar tú carrera,
como si fuera el principio...

PARA TI MAMÁ

Diera lo que no tengo
por tener a mi madre viva,
en un día tan hermoso
que recuerdo toda mi vida.

Siento mucho dolor
desde que perdí a mi madre,
pues desde 1980
no he podido resignarme...

Trato que todos crean,
que soy fuerte y que estoy calmado
pues debo mirar a mis hijos,
y que no me vean con los ojos mojados...

Sufro sin que me sientan
trato de jugar con todos,
exterioriso alegría
pues el dolor es para mi solo...

Yo solo sé lo que siento
y no le deceo a nadie,
pues no existe más dolor
que haber perdido a su madre...

Si usted tiene a su madre al lado
cuidala no la desprecies,
piensa que a esta tierra llegó un día,
y cualquier día desaparece...

DESTINO

Una mujer jovencita
con dos menores de edad,
se resigna a ser felíz
por no luchar su libertad...

Su pareja no la entiende
pues no le conviene entender,
que el matrimonio es sagrado
y se combina de hombre y mujer.

La responsabilidad lo asusta
lo combierte en insensato,
prefiere una mesa de juego
que estar con su mujer un rato...

Ella busca en las amigas
despejo de su mente atrofiada,
pues cuando llega de el trabajo
de su pareja no sabe nada.

Él debe de tener presente
que como hombre que és,
atar la rienda de su vida
y atreverse otra vez...

Si no quieres arreglar
tú vida en este momento,
apartate de tú familia
y continua con tú tormento...

Ella será felíz
pues muy jovencita és,
tiene un mundo por recibir
y olvidarse del ayer...

LA FURIA DEL PODER

Los hombres cuando poseen
el poder adsoluto,
abusan de los de abajo
para engrandecer sus frutos.

Los tratan como basura
los humillan y los maltratan,
no tienen piedad de ellos
pues los tratan como ratas...

Su poder los endiosan
los hacen sentirse bién,
se alegran, y aplican su furia
no importa quién sea quién...

Mujeres de avanzada edad,
señores incapacitados
no hablan y resisten todo,
temiendo a hacer,
de sus trabajos impulsados...

Yo en particular
prefiero morir mil veces,
que soportar humillaciones
de un grupo de imbeciles...

Ser cortés es valentía
escuchar opiniones es de sabio,
mirar de frente es de hombre
y respetar es de humano.

AL REGRESO

Si estrañas a tú madre
Muy bién que lo disimulas,
Pues hace varios meses
que saber de ella no te inmuta...

Te desvelas por las noches
despreocupado de todo,
sentado en una mesa
haciendo *party* a tú modo...

Mientras tú mamá se consume
por saber algo de tí,
a ti no te va ni te viene
pues a tú formas eres feliz...

Ella está perdiendo el control
pues tú ausencia a causado,
que ella sufra en silencio
lo mal que tú te has portado...

Por ella te doy las gracias
y te advierto una vez más,
que seas un poco más hombre
y te ocupes de tú mama...

RAISES

No reniego de mi tierra
pero estoy abochornado,
De ver a mis compatriotas
haciendole juego al tirano...

Por un poco de placer
van corriendo a la isla,
a lucrar con el dolor
y al regimen darles divisas...

Que poca dignidad tenemos
que sentido del olvido,
a punta de pies nos votaron
y como traidores volvimos...

Merecemos los insultos
que en silencio nos dicen,
Pues los Cubanos que vuelven
a especular a la isla,
nunca tuvieron raises.

NO LLANTO

No se dejen engañar
no firmen sin estar seguros,
no crean en mucha gente
no crean en todo el mundo...

Quiero irme tranquilo
sin preocupación ninguna,
descansar mis restos en páz
y mirando a la luna...

Es triste reconocer
que existe un más allá,
que algún día tendré que irme
pero les prometo,
que los cuidare desde allá...

Si existe algo supremo
como atravéz de los siglo se dicen,
que no me olviden como padre,
no me olviden que son mambíces...

No me voy a despedir
quiero risas y no llantos,
recuerdenme como fuí
tenganme presentes sin llanto...

CORNELIO

Dudas ya no me queda
pues ya pude comprender,
que un hombre que aguanta todo,
pobre que será de él...

Yo opino que debe ser
como un naufrago perdido,
siempre tirado al olvido,
Sin rumbo y sin timonel...

Te consideras vencido
siempre lo estás demostrando,
te haces el del problema
por eso te estas lastimando...

Se felíz a tú manera
no embolucres a parientes,
sigue viviendo tú vida
y aguanta como un valiente...

SIN RAZÓN

Nunca tendre razón
asi lo dice la gente,
pues lo que creo lo digo
sin importar lo que piensen...

Es tanto el precio que debo pagar
que me siento acorralado,
dentro de mi propio hogar...

Voy a callar lo que vea
esclavo de mi silencio seré,
no importa que daño cause
no lo defenderé...

El silencio será mi tumba
mis pensamientos difuntos
no causaré problemas,
aunque los vea hundidos
en lo más profundo...

Cuidaré sólo a mis hijos
es lo que debí hacer,
tratar como me tratan
y olvidarme de el querer...

Nunca olvides que fuistes tú
quién me pidio protección,
la cuál asumí con respeto
tratandose de tú dolor...

TIRANO Y TRAIDOR

En mil novecientos ochenta
cuando inductaron a los presos,
Cuba se revolvió
y el pueblo quedó desecho...

Todos pensaron salir
de la isla esclavisada,
por un ser que ya conocen
con mente degenerada...

Los que creyeron en él
del cincuenta y nueve,
al ochenta, aprovecharon
la embajada, para dejar sus cuentas...

Tubo que cerrar el tirano
las puertas de la embajada,
pues el pueblo al verse libre,
se lanzaban con más ganas...

Los paises socialistas
al ver al pueblo de Cuba,
lanzarse con decisión,
afirmaron entre ellos,
ese tipo es tirano y es traidor...

15 DICIEMBRE 1986

Hoy 15 de Diciembre
quisiera felicitarte,
pero es tanta mi angustia
que no puedo hablarte.

No es orgullo: es hombría.
¿ Cuando lo vas a entender ?
olvidates a los tuyos
por esa maldita mujer...

Tarde será cuando entiendas
que ella como mujer es nada,
y tú al igualarte a ella
mejor no digo palabras...

Traicionastes tú suerte,
traicionastes la dignidad,
a tus hermanos y amigos
por no aceptar la verdad...

DÍA ESPECIAL

Mis hijos me felicitan
un día tan especial,
me saludan y respetan
porque yo los he sabido tratar…

Mi cariño se lo he dado
mi anhelación infinita,
pendiente de ellos estoy,
porque sé que lo nesecitan…

Desde el fondo de mi alma
siento brotar un error,
que quise solucionar y
fue peor mi intención…

Hoy reconosco mi culpa
de tratar de evitar,
que aún amigo lo humillaran
de una forma tan inmoral…

Él poco caso me hace
pues prefiere la deshonrra
que lo miren poca cosa,
aunque la gente se asombra.

Sólo de escuchar su nombre
siento un dolor tan profundo,
que prefiero muchas veces
desaparecer de este mundo…

AUSENCIA

Quisiera borrar el tiempo
y a su vez precipitarlo,
para montarme en el carro
¡ Y no parar hasta Orlando !

Me tengo que conformar
sin dudas ya yo lo se
pues se trata del futuro
de su anhelo y su fé...

Se trata del hijo mío,
un muchacho bien honesto,
responsable y persistente
que yo admiro y respeto...

Su meta es llegar un día
y jugar con los campeones,
divirtirse y obtener, (beneficios)
como todos jugadores...

Un año de sacrificio
un año que el no responde,
esta trabajando duro
en el colegio,
Lake Sumter...

Dedicado a mi hijo Piro....

EL PRECIO

Cuanto cuesta una lección
que demora en curar, seis
meses ó un año,
vale la pena esperar.

No importa cuanto te apures
no importa que te desesperes,
lo que si importa es tú futuro
y que al final juegues..

Con paciencias sanarás
con terapias te recuperas,
tú proximo año será bueno,
pues Mike Matulia te espera…

Nunca te des presión,
juega como hasta ahora,
manten tú disciplina..

Que con tú defensa
y bateo serás grande entre los
grandes y como muchos más
yo te creo…

Tú turno ya llegará
sin apuro y con tezón,
lograrás lo que te propones
pues por eso tienes condición.

REACCION

No se podrá calcular el dolor tan infinito
que causó el terrible impacto,
sobre aquellos gemelitos.
Dos figuras tan hermosas
he importante de esta nación,
aquel 11 de Septiembre,
fueron derribadas sin compasión.

Un grupo de terroristas,
incapaces de amar
secuestraron los aviones,
con ideas de matar...

Lograron hacer llorar
a esta poderosa nación,
sangraremos por esa herida
pero doblegaremos a ese traidor...

Ya sabemos que lo ayudaron
seres de su calaña,
asesinos en potencia
que gozan con sus hazañas...

No tendremos compasión
con aquellos asesinos,
que ayudan a Bin Ladin
al terrible genocidio...
Twin Towers 2001

DESAFÍO

Cuatro paredes te enseñan a meditar
la frialdad de la celda te hace temblar;
el hambre es pasajero; el maltrato
es inminente; por eso los reclusos
desafían a su suerte....

Los reclusos han pasado
por pruebas inmortales,
han desafíado su suerte
por mantener ideales...

20 años después
algunos de estos reclusos
olvidaron lo pasado
perdonaron al tirano.
Viajan sin verguenza alguna
a la isla tenebrosa,
que fue su cepurtura...

No hay palabras para ofender
a los traidores Cubanos,
que visitan la isla,
y estremecen en la tumba
a los caidos hermanos...

Quisiera poder gritar
que me oyera el mundo entero;
porque corazón me sobra
pero contacto no tengo...

NOSTALGIA

No solo por ser el día de tú santo
te voy a felicitar.
Lo estoy haciendo, por que para mí
también es un día especial.

Todo los días del año
los recuerdo con cariño,
tú falta en mi vida,
me hace sentir más niño...

Madura la edad, los golpes te enseñan
pero jamás tú ausencia.

El dolor eterno en mi pecho
lo siento algo sombrío,
como si tuviera, un profundo hueco
de donde muy lejano
Se oyen gemidos...

Despierto con pesadilla
y cayo mi sufrimiento.
A mis hijos no los preocupo
prefiero que mis lagrimás
la seque el viento...
Por eso madre,
De mí no se oíra un lamento.

16 de Marzo, 1982

¡ QUE DÍAS !

Todos los problemas llegan
sin improvisar sus días
sin esperarlos si quiera,
sin esperar esos días.

Pasiencia hay que tener
y resolver con cuidado
esos días tan oscuros,
esos días inesperados.

Cuando problemas no tengas
tus días han terminado,
aquellos días oscuros
de tú mente se habrán borrado.

Siempre piensa positivo
y olvidate de aquellos días
que casi todo lo borra el tiempo
con el transcurso de los días.

TIERRA

Yo me siento afortunado
de llegar a esta tierra,
compartir de su hermosura
y escuchar sobre sus guerras...

Guerra que muchos creen
que no tienen validéz,
pues mueren inocentes
por cumplir con su deber...

Es necesario pelear
para defender el honor,
de una nación como ésta,
que nos abrió el corazón..

Recuerdas cuando llegastes
desnudo y dispuesto a luchar,
pues te jugastes la vida
por mantener tú ideal...

Este pais te adoptó
Cuando más falta te hacía,
Te salvó de la tiranía
de donde te desterraron,
un grupo de terroristas
que te gritaban, "Gusano."

LO QUE CREO

Desde niño yo recuerdo
la enseñanza de mamá,
sus palabras cariñosas
¡ Hijo ! "Creer es bondad."

Crecí, sin saber porque
las enseñansas Cristiana,
desvían los sentimientos
a pesar de llamarte
hermano, ó hermana...

En las iglesias predican
La palabra del señor.
Pero de vez en cuando un pastor
se olvida de sus deberes,
Usando a los menores
a realizar sus placeres.

Las legendarias iglesias
Te obligaban a creer,
que el poder del Baticano
es más fuerte que la de un rey.

Violan sin compasión
a seres inofensivos,
de diesmos estás cautivos
huerfano de sinceridad
por eso señores mios,
yo recuerdo a mi mama...

'Este poema es dedicado a los niños abusados por
seres sin escrupulos...'

HASTA NUNCA

Siempre estaré pendiente
de todo lo que has hablado,
con relacion a la escoria
de la que te has enamorado…

Tú lo sabes, tú lo has dicho,
pero no la vas a dejar,
tú capricho te ha llevado
a problema familiar…

Te gusta y te comformas
saber que ella te engaña,
que te separó de tú gente
como una maldita limaña…

Nunca esperes que tú gente
te perdonen algun día,
olvidamos que tú existes
como ustedes lo querían…
Hasta nunca

TÚ HERENCIA

Te dejaré como herencia
un recuerdo que quizás,
cuando te sientas más hombre
lo podrás heredar...

Luego de obtenerlo
y leerlo con pudor,
entenderás que tú amigo
vivió su vida,
con un profundo dolor.

Ya se que no te arrepientes
y te pido una vez más,
que no trates de engañarme,
pues eres falso de verdad...

Molesto me sentiré
por el resto de mis días,
pues tus burlas han causado,
en mi pecho, una profunda herida...

Te desconté de mi nucleo
creeme que ya no importa,
escribo estos poemas
Para grabar bien la historia...

RESPETA

He tenido por costumbre
respetar a los humanos,
brindarle todo mi apoyo
y sacarlos de el pantano.

Siempre hay exepciones
dentro de nuestra raza,
que te escuchan libremente,
que te escuchan con moldaza...

Se piensan que te burlaron
que te engañan libremente
que te usan, te maltratan,
se aprovechan como serpientes...

Todos agarran su rumbo
más tarde o más temprano
no juegues con tú suerte,
no te burles de tus hermanos...

Yo te dejo este mensaje
te lo dejo por escrito,
para que recuerdes siempre,
lo ingrato y lo maldito...

un pensamiento profundo yo te envio,
respeta a la familia a los amigos
y sobre todo respeta más, respeta...

NASA

Anoche oí la noticia
que en Mexico dos pilotos,
volando sobre su pueblo
sintieron terrible asombro...

Ocho objetos que volaban
a vertijinosa velocidad,
velocidad no conocida,
en nuestra sociedad...

Los periodistas afirman
que son seres de otros planetas,
lo contrario de la Nasa,
que se astiene a cualquier respuesta...

Ellos saben que son seres de otra dimensión
pero temen afirmarlo,
por miedo a la reacción.
Tierra planeta donde vivimos,
pequeño y egoista que no aceptamos vecinos...

A muchos no les combiene
que esos seres existan,
pues perderían fortuna
después de su conquista...

Dentro de poco tiempo
no se podrá cayar,
que en otro planeta hay vida
y que también quieren disfrutar...

Si ustedes creen en Dios
jamás podrán dudar,
que Dios los creo a ellos
y también le dió su lugar...

RESPETA II

Para llegar a sentirse realizado
se nececita algo de experiencia,
algo vivido y por su puesto
haber caminado...

La experiencia no te la dá
el dinero, posición o algo parecido,
la experiencia te la da
tú destino por haber vivido...

Viajar, conocer tratar con personas
siempre con corrección,
te da personalidad, experiencia
y los demás, te prestan atención...

Siempre tenemos que respetar
todos debemos respeto,
la vida es corta y mientras
más respeto damos, más debemos...

JUNIO 4 2003

Que felíz yo me siento
después de haberme,
enterado que mi hijo
George Otero por los,
Marlins fue draftiado...

Sorprendido yo me siento
pues al colegio el vá
estudíara una carrera
como lo prometió a sus papás...

Siento que el sacrificio que de
tú parte aportaste, demuestra a
la juventud que el sacrificio es
constante...

Para llegar a la cima
se empieza bién por abajo,
con tezón y disciplina te
mantendrás en el gajo...

Poco a poco escalarás
sin apuro y con cuidado
llegarás a la cima, porque
asi tú destino lo ha marcado...

Hijo, yo estoy contento de verte
luchar sin miedo, enfrentarte a
los pudientes sin respetar su
dinero.

Cuando llegues a la cima
no te olvides de el de abajo,
recuerda a los niños pobres
y a sus padres sin trabajo...

PAREDÓN

La paloma blanca significa
politicamente hablando,
dictadura socialista,
desde la historia de Franco.

Recuerdo desde muy niño
cuando mi tio viajaba,
le dijo un día a mis padres
hay que salir de esta isla,
pues ya está infestada...

Solo vió una foto de Castro
con una paloma en sus hombros
rodeado de sus esbirros,
bárbudos y con armás largas,
para ocacionar asombro
y dictar venganza...

Hechizó con su paloma
simbolo de brujería,
a un pueblo que lo apoyó
en toda su cobardía...

Pero el tiempo fue pasando
y aquellos que creian en él,
se les fue cayendo la venda
y se apartaron de el,
no fue dificil saber
que ese hombre nos mentía
pues hablaba incoherencia
que al caso no venía.

Muchos iban a sus discursos
de algunas formas obligados,
otros por sus trabajos,
y la mayor parte por aprobechados...

Él sabe que su pueblo no lo quiere,
que lo aplaudan y lo sigan,
es lo que le combiene…

Él vive su fantasia
con los paises cercanos,
exportando su doctrina,
a los menos civilizados…

A Cuba le mató el orgullo
y con sangre lo ha regado,
de la sangre que aún hierve,
de los hombres que ha fusilado…

SOY FELIZ

¿ Que pensarias tú,
después de tanta batalla
saber que tú querida esposa,
a otro le da la papaya ?

No respondas, ya yo sé
que a tí lo mismo te da.
que la use con cualquiera,
pues la autorizó su mamá...

Sigue esos consejos sanos,
disfruta de tú placer,
olvidate de tú hombría
y sigue con esa mujer...

No te aflijas por favor
victima tú no eres,
pues tus amigos te dicen
que has fallado con tus deberes...

No conoces de amistad
de eso estamos seguros,
tú pretendes engañarte
pensado en tú futuro oscuro...

Dices que está embarazada,
¿ Estás seguro de eso?
Recuerda que ella juega
como el ratón con el queso...

Que parto más demorón
todos los meses se preña,
te hace sentir papá
¡ Y controla tú existencia !

Tú sabes que ella te engaña
pruebas de sobras tienes,
facilmente te maneja
y hace de tí lo que quiere.

Dejarla tú no puedes
pues ella sabe gozar,
te goza de atrás a delante
en una forma burgal.

Tú lo dices, con cierto asombro
pero te gusta ¡ Cabrón !
que tus amigos comenten,
que eres todo un ¡ M........ !

SIEMPRE LO SOSPECHÉ

Siempre sospeché que eras aprobechado
que jugabas con tú suerte,
y lo demás lo hechabas a un lado...

Primero tú y siempre tú
no te importa los demás,
tú dinero lo votabas
sin importarte tú mamá...

Me tengo que divertir,
a los gallos lo jugabas
al bacará y al dominó,
mientras que a tú mamá
le faltaba...

Por eso hoy pregunto, y me
respondo, lo que ayer me
preguntaba, y no lo comprendía...

Tú mamá no te importa, tú papá
mucho menos, tus hermanos no existen,
pues ya vives en el extranjero...

Tú madre no te verá, pues con
verguenza ella vive, sabiendo
que su hijo mayor, olvidó hasta
sus raices...

Sólo para ella vivez, para
el sexo la quieres, no
importa que ella te engañe
si sabe donde te duele...

Tú dices que ella te goza
tú dices que ella te engaña,
la maltratas con tus golpes, pero
sigues con tus azañas...

Eres inteligente, con tú llanto lo
compones, cuando te cansas de
usarla, lloras para que te perdonen...

Te prometo se acabó
ya no creo en tú llanto
hechale, grasa a tus tarros,
que se te estan oxidando...

Tú dices que ella es fácil
que como mujer actúa,
después de cuatro pastillas,
hasta su cuadro disfruta...

Recuerda bién lo que has dicho,
y pon bastante cuidado, que algún
día entenderás hasta que punto
haz fayado...

PENSAMIENTOS

Yo pienso,
y seguire pensando,
no dejeré de pensar,
pendiente estaré
de mi pensamiento…

Porque pensando no olvido,
lo que he pensado.
Y pienso como otros han pensado,
que en la vida se debe pensar.
Por eso yo pienso y cayo,
¿ Pero jamás dejaré de pensar ?

A LA JUVENTUD

El contenido de lo que escribo
lo explico con gran cuidado,
para que entienda el lector
lo mucho o poco que yo he pasado…

No poseo mucha escuela
literalmente hablando,
sólo deceo escribir,
lo que mi mente esta recordando…

Recuerdo lo que he pasado
son trofeos que me dió el destino,
madurés prematura,
y deceos reprimidos…

Espero no aburrir,
al lector con mi experiencia,
pues sólo pretendo enseñar
que la carcel te enseña más de la cuenta…

Invito a la juventud
a que estudien y se preparen bién,
que aprendan sin experiencia,
y que se dejen querer...

NO LO PIENSES

No pienses que me engañastes
Al decirme se acabó,
Pues crealo ó no,
Al verte a la cara fijo
Te delatas sin malicias,
Por que piensas como un niño...

Tú eres feliz de engañar
Y piensas de todos lo mismo,
Te equivocas inocente
Los hombres ya no son niños...

Olvidarte tú sí puedes
Si te empeñas con hombría,
respetandote a ti mismo
y dejar la cobardía...

Solo viven los que aman,
Los demás son muertos que caminan...

Espera tú turno amigo
Y andate con cuidado,
Pues es mejor estar solo,
Que estar mal acompañado...

IRONÍA

Cuando amanesco contento
sin pensar en el pasado,
quisiera borrar de mi mente,
y apartar todo de mi lado....

Me lo he propuesto y no puedo
pues a mi vista lo tengo,
nesecito la distancia para
empezar de nuevo...

Nesecito lejanía
apartarme de lo turbio
olvidarme de la gente,
que me ha jugado sucio...

No se por que tanta embídia
no se porque ese odio,
me lo pregunto mil veces
y yo mismo me respondo...

No saben querer,
no saben amar,
han vivido en un sistema
¡ Que sólo piensa en el mal !

¿ QUE ES VICIO?

No sé como explicarle
a mis amigos y familia,
la desverguenza de un tipo
que desprecia a la vida...

Poco hombre no lo ofende
pues verguenza no tiene,
ya que sabe que su vicio,
hace de él lo que quiere.

"Pena" ¿ Que significa pena ?
La hombría la desconoce,
la verguenza es absurda,
de él se burlan sus amigos
pues conocen bien su historia...

Si no es tarde, algún día entenderá
que la herida por el vicio,
no cicatrizará jamáz...

MUJER QUE PRETENDES

Después de tanto tiempo
me hablas sin verguenza alguna,
para decirme que yo soy culpable
de tú poca fortuna...

Que descarada eres
pretender trajiverzar,
olvidar aquel día,
cuando empezamos a pelear...

Tus vecinos y tus amigos
conocen bién de esta historia,
desde que empezastes con ella
diciendo que era tú novia...

Llegastes un poco más lejos
a vivir contigo fué,
y le prometió a todos,
que tú sólo por ella vez...

Admito que fue bién clara
pero yo no lo creía,
que calculadora fue,
traidora y sobre todo fría.
Los dos son un poco más
Que una ...hipocresía

HOY

Hoy me inspiro día 12 de Febrero
con tristeza y agonia,
esperando el día 13,
día de la cirugía...

Se encontraba con dolor
y deceos de jugar,
resistió un par de meses,
pero no pudo continuar...

La terapia le ayudó poco
pero no lo suficiente,
la temporada es larga
por eso hoy, es un paciente.

Pronto estará en acción
activo para jugar,
con más fuerza que antes,
y a las dos manos batear.

Jugará el proximo año,
fuerte y con experiencia,
decidído a cumplir,
con su misión en la tierra...

LA LLUVIA

La lluvia y el mes de Mayo
Diciembre y las navidades,
Febrero, y los enamorados,
días hermosos de todos los años...

Cuando Mayo se acerca
las plantas reberdecen,
los campesinos trabajan,
y sus cosechas resplandecen...

Luego llega Diciembre
día Biblico y de esperanza,
se festeja con alegría,
¡ Día que el mundo entero baila !

Después se acerca Febrero
día de recordar,
que todo ser viviente,
algún día tubo que amar...

Por eso la lluvia me inspira
y me pone a meditar,
a recordar mi pasado triste,
al que estoy dispuesto a olvidar...

Hoy les deceo a todos
mucha paz y armonía,
que disfruten díariamente,
que olviden el pasado triste
como yo lo olvidaré algún día...

GRACIAS LE DOY A DIOS

Quiero gritar al mundo,
que hoy me siento realizado,
pues, tengo cinco hijos,
y todos Americanos…

Johana, Jacqueline, Bolita,
Venus y Piro,
son los cinco hijos,
por los cuales yo me inspiro…

También tengo a mis nietos
como segunda alegría,
Robert, Melanie, Kayleen, y Christian,
estos niños adornarán mi casa
para que nunca esté vacía…

Gracias le doy a Dios
por haberme consedido,
la experiencia de ser padre,
abuelo y contar un major destino…

Hoy grito con alegría
porque Dios me ha consedido,
el derecho de ser padre,
y abuelo de cuatro niños…

NO MIENTAS

Un hombre se define
por muchas cualidades,
se alimenta y actúa
con principios morales.

Sientase superior
a muchos hombres que ahora,
presumen de ser valientes,
y sin cualidades se adornan...

Es falso presumir y rujir como un león
sabiendo que internamente,
desconoce desde siempre,
lo que es tener corazón...

No te refujies en el daño
no evites tú valentía,
no dependas, no te engañes
que mentir es cobardía...

SIEMPRE QUE LLUEVE ESCAMPA

Siempre que llueve escampa
a si dice el refrán,
por eso amigos mios
¡ La vida hay que difrutar !

Cuando escampa todos salen
a las calles de la ciudad,
a divertirse en el sol,
y haber la gente pasar...

Disfrutan a plenitud
pues el agua ya paró,
se olvidan de muchas cosas,
y sobre todo del reloj...

La diversión es bonita,
saludable y necesaria.
Pero recuerden amigos mios
que la conducta va acompañada...

En la lluvia te puedes bañar,
purificar tú vida,
Con el agua transparente,
Con esa agua divina...